Nahrung für die Seele

Gertrud Hirschi

Die Energien der Wochentage nutzen

Nahrung für die Seele

Gertrud Hirschi

Die Energien der Wochentage nutzen

Bauer
Verlag Hermann Bauer
Freiburg im Breisgau

Die Deutsche Bibliothek – CIP-Einheitsausfnahme

Ein Titeldatensatz für diese Publikation ist bei
Der Deutschen Bibliothek erhältlich

Herausgegeben von Richard Reschika

1. Auflage 2001
ISBN 3-7626-0853-9

www.hermann-bauer.de

Einband: Maria Fellhauer, Freiburg i.Br.
Gesamtherstellung: fgb · freiburger graphische betriebe
www.fgb.de
Printed in Germany

Inhalt

1. Einleitung

Dieses Büchlein ist eine Einladung, den einzelnen Wochentagen neue Formen, Farben und Rhythmen zu geben. Wenn wir unsere Lebensqualität verbessern wollen, dann fangen wir am besten bei einer kleinen, überschaubaren Zeiteinheit an: beim einzelnen Tag – und gestalten so die Wochen und Jahre.

Schon als Kind fragte ich mich, warum die Woche 7 Tage hat und wer wohl Donar, der Gott des Donners und des Donnerstags, wirklich ist, was der Mittwoch mit Merkur zu tun hat usw. Diese Fragen beschäftigten mich immer wieder, und so fand ich im Laufe der Zeit viele Antworten – in der Literatur, in mir selbst und durch den Austausch mit meinen Mitmenschen. So stellte ich vor einigen Jahren fest, dass sich die Qualität der Wochentage, wie ich sie erlebe, auf verschiedenen Ebenen voneinander unterscheidet und dass dies tatsächlich mit den Kräften und Charaktereigenschaften der zugeordneten Planeten übereinstimmt.

Kosmische Gesetze bestimmen das Werden und Vergehen der Schöpfung, in die auch wir Menschen mit unserem Körper und unserem emotionalen und mentalen Bereich, d.h. mit unserem Denken und Fühlen, eingebunden sind.

Sehr lange und gründlich habe ich mich mit den 7 planetarischen Kräften, die den Wochentagen zugeordnet sind, auseinandergesetzt und sie in mein Leben integriert. Seit ich dies tue, ist meine Lebensqualität um einiges gestiegen, und es geht dementsprechend immer weiter – Tag für Tag, Woche für Woche. Darüber nachzudenken und danach zu leben fördert tatsächlich unser inneres Wachstum und zeigt uns Wege auf zu innerem wie äußerem Reichtum – zu einem sinnerfüllten und glücklichen Leben. Viele Sorgen, Gram und Mühe bleiben uns erspart. Es ist, als würden wir von höheren Kräften geschützt, gestützt und geleitet.

Die 7 Lebensgesetze, die ich aus all diesen großen Zusammenhängen ableiten konnte, sind dabei eine gute Orientierung:

- Sonntag ist der Tag des Lichts und der Ruhe
- Montag ist der Tag des Loslassens und des Fließenlassens
- Dienstag ist der Tag der Talente und der Tatkraft
- Mittwoch steht unter dem Motto: »So wie du denkst, so bist und lebst du.«
- Donnerstag ist der Tag des Reichtums und der Zukunftsvisionen
- Freitag ist der Tag der Liebe und Freundschaft
- Samstag ist der Tag des Rückblicks und der Grenzüberschreitungen

Das heißt nun nicht, dass wir beispielsweise *nur* am Montag Vergangenes loslassen und uns dem Fluss des Lebens anvertrauen oder *nur* am Dienstag unsere Talente zum Einsatz bringen. Es geht vielmehr darum, dass uns dies wenigstens einmal pro Woche bewusst ist und wir uns danach richten. Nach wenigen Wochen wird Ihnen das neue Verhalten so in Fleisch und Blut übergegangen sein, dass Sie automatisch dementsprechend reagieren.

Die Idee der Planetenzuordnung zu den Wochentagen ist uralt. Schon die alten Völker weihten die 7 Wochentage einem ihrer Götter bzw. einer ihrer Göttinnen. Darauf weisen die Namen der Wochentage hin, die sich in vielen Sprachen und Mundarten bis zum heutigen Tag erhalten haben. Auch altes Brauchtum weist darauf hin – im Norden wie im Süden, im Westen wie im Osten. Natürlich sind die Bräuche von Ort zu Ort verschieden. Trotzdem weisen sie im Großen und Ganzen auf eine Gemeinsamkeit hin, die nicht vom Verstand her erfasst werden kann und deren Ursprung sich in der dunklen Urzeit verliert.

Im Mittelalter haben Alchimisten und später auch esoterische Zirkel und Geheimbünde die Symbolik und Kraft der Wochentage in alle Handlungen und Entscheidungen mit einbezogen. Den Planeten wurden entsprechende Farben, Steine, Pflanzen, Tiere, Metalle usw. zugeordnet und für die rituellen Handlungen eingesetzt. Es ist spannend und interessant, sich mit diesen Zuordnungen zu beschäftigen; ihre Wirkung auf Körper, Geist und Seele steht tatsächlich in Einklang mit den Eigenschaften des bestimmten Tagesplaneten.

Gerade in unserer materialistisch und rationalistisch ausgerichteten Welt tut es uns manchmal ganz gut, wenn wir uns wieder der kosmischen Zusammenhänge bewusst werden und Spiritualität und ein wenig Magie in den Alltag einbringen. Leider kann ich nicht auf all diese Zuordnungen gleichermaßen eingehen, die wichtigsten sind jedoch bei den jeweiligen Wochentagen aufgeführt.

Interessant ist auch die Symbolik der Zahl 7. Schon von alters her hat sie die Menschen in ihren Bann gezogen: Es gibt 7 Farben im Spektrum des Regenbogens, 7 Töne führen zur Oktave, ein 7-Jahreszyklus bestimmt die Entwicklung und das Leben des Menschen, 7 Hauptchakren versorgen den Menschen mit 7 Energiequalitäten. Die 7 spielt auch in den

Volksmärchen und heiligen Schriften des Ostens und Westens eine große Rolle, die 7 wurde als Zahl der Universalität angesehen – und 7 Stufen führten zum Tempel der Weisheit. Die 7 beinhaltet die 3, die Zahl der überirdischen Kräfte, und die 4, die Zahl der irdischen. So vermählt sich in der 7 das Irdische mit dem Überirdischen. Ob im Märchen, in der Magie, in der Mystik – die 7 hat eine besondere Bedeutung. So wünschen wir uns hier auf Erden 7 Tage lang die Freuden des 7. Himmels zu erleben.

Wir sollten uns auch bewusst werden, dass es weder schlechte noch gute Planeten gibt; vielmehr unsere Beziehung zu ihnen und das rechte Maß sind von Bedeutung. Diese Ansicht entsteht manchmal deswegen, weil viele einen Wochentag haben, an dem manches nicht so läuft, wie sie es gerne hätten.

Wenn Sie sich auf die einzelnen Tage in entsprechender Weise einstellen, wie es in diesem Büchlein aufgezeigt wird, bringen Sie mehr Abwechslung in die Woche. Wie langweilig ist es doch, wenn ein Tag wie der andere verläuft, wenn man wie ein Roboter jeden Montag Punkt 8 Uhr das Werktagsprogramm einstellt; wenn jeden Freitag Punkt 16 Uhr das immer gleich organisierte Wochenende beginnt; wenn sonntags gleich viel gearbeitet wird wie werktags und wenn man sonntags die gleiche Kleidung trägt wie werktags. Wir sind aber keine Roboter! Wenn wir so leben, leben wir wider unsere Natur und werden krank.

Jeder Wochentag ist eine Gelegenheit, etwas ganz für sich zu tun. Dann geht es uns gut. Es ist z.B. wichtig, dass wir die Vergangenheit verarbeiten, dazu eignet sich der Montag; neue Zukunftsvisionen entwickeln, warum nicht donnerstags? Und damit wir nicht immer wieder über die gleichen Hindernisse stolpern (die wir uns meistens selbst in den Weg legen), ist ein Wochenrückblick am Samstag von besonderem Nutzen.

Es geht nicht darum, dieses Büchlein in 7 Tagen zu lesen und jeden Tag sofort total umzukrempeln. Lassen Sie sich genügend Zeit. Lassen Sie ein Tagesthema ruhig mehrere Tage oder Wochen lang im Inneren wirken, bevor Sie sich dem nächsten zuwenden. Nach wenigen Wochen sind Sie mit dem

Wesentlichsten vertraut, haben sich schon an Neues und Schönes gewöhnt und helfen sich – wenn es die Situation erfordert – mit einer der vorgestellten Meditationen.

Vergessen Sie nicht, dass es mit Humor viel leichter geht. Klopfen Sie sich stolz und zufrieden auf die Schulter, wenn Sie Erfolg haben; und wenn es daneben ging, gönnen Sie sich zum Trost etwas Besonderes, machen Sie sich neuen Mut, bitten Sie das Göttliche um Hilfe – lernen Sie daraus, und probieren Sie es von Neuem (vielleicht schon zum 7. Mal). Bedenken Sie immer: Es wäre doch langweilig und würde gar keinen Spaß machen, wenn all unsere Wünsche sofort in Erfüllung gingen.

So möchte ich Sie schlicht und einfach

auffordern, ein wenig darüber nachzudenken, wie Sie die einzelnen Tage erleben, und vor allem – entwickeln Sie Strategien, wie Sie das Beste aus jeder Tagesqualität herausholen können.

Wagen Sie den Sprung ins Wesentliche, das unsichtbar ist und doch unser Leben bestimmt. Wagen Sie »Ja« zu sagen zu jedem Moment. Das Leben findet täglich statt. Organisieren Sie jeden Tag neu, nutzen Sie ihn, und Machen Sie das Beste daraus. Genießen Sie jeden Tag Ihres wundervollen Lebens!

❀

2. Sonntag –
Tag der Sonne

Schon die alten Germanen haben den ersten Tag der Woche der Sonne zugeordnet. Die Sonne war für die alten Völker ein Symbol für die übermächtigen Kräfte des Kosmos, die das Geschick der Menschen steuern. Der Lichtgott des Nordens, Baldur, war ein vielgeliebter Götterjüngling mit sonnigem Gemüt. Apollo, ein wunderschöner Jüngling mit unwiderstehlicher Anziehungskraft, war der Sonnengott der Griechen und später auch der Römer. Ihm unterstanden die Hirten, die Musiker, die Poeten, die Jugend und die Heilkunst.

Der Sonntag ist zwar der Tag der Ruhe, trotzdem steckt in ihm der Neubeginn. Oft folgen einer Zeit der Ruhe und Muße neue Schaffenslust, neue Ideen und Begeisterung. Die Sonne hat viel mit Geburt, Keimen und Neubeginn zu tun (»Es kommt etwas ans Licht«). Wir denken zuerst in Ruhe über etwas nach – es keimt etwas, wir stellen es uns vor, versuchen zu spüren, wie es sein wird. Und wenn es uns zusagt, setzen wir es um.

Wie die Sonne in der Natur wirkt, als Lebensweckerin und Lebensspenderin aller Pflanzen, so übt sie auch ihren Einfluss auf uns Menschen aus – und zwar auf der körperlichen, geistigen und emotionalen Ebene. Die

Sonne verkörpert pure Lebensfreude, sie steigert die geistige Leistungskraft und regt allgemein den Stoffwechsel und die Hormonproduktion an. Sie lässt nicht nur die Temperatur steigen, sondern auch die Stimmung. Sonnenlicht sendet über die Augen und die Haut Impulse an die Zirbeldrüse; das kurbelt die Ausschüttung von Glückshormonen an, von Endorphinen. Depressive sollten darum jeden Tag 10–30 Minuten Sonnenlicht tanken. Außerdem feuert die Sonne das Immunsystem an, aktiviert die sexuellen Triebe, vertieft die Atmung und der Sauerstoffgehalt im Blut steigt; durch die Bildung von Vitamin D werden Knochen und Zähne gestärkt.

Viele Urlauber legen heute Hunderte von Kilometern zurück, um die Sonne zu genießen (und schaden damit der Umwelt), als ob sie zu Hause nicht scheinen würde. Ihre regenerierende und heilende Kraft wirkt sogar durch die Wolken, darum tut's auch ein sonntäglicher Spaziergang auf den nächsten Sonnenhügel. Die Wirkung des Lichts wird allerdings durch Glas stark vermindert. Nehmen Sie deshalb die Brille zwischendurch kurz ab. Wenn Sie – aus welchen Gründen auch immer – das Haus nicht verlassen können, setzen Sie sich ans *offene* Fenster. Auch durch die Poren der Haut wird Sonnenlicht getankt, aber nur, wenn sie nicht mit zuviel Sonnenschutzmittel verstopft sind.

Zuviel Sonne schadet allerdings nicht nur der Haut, sondern kann auch die inneren Körperfunktionen aus dem Gleichgewicht bringen – es kann schwächen oder aufheizen, d.h., man wird schlapp und faul *oder* innerlich unruhig und gereizt. Jeder kann spüren, wie an einem warmen, sonnigen Nachmittag das Denken und die Stimmung träge werden. Man wird angenehm müde und friedlich – sogar zu faul, um heftige Gefühle aufzubauen. Zuviel Sonne kann auch süchtig machen. Trotz der Gefahren liegt man stundenlang in der Sonne und bekommt nicht genug davon.

Aus astrologischer Sicht unterstehen der Sonne Selbstentfaltung und Individualität. Wie in einem Samen die ganze Pflanze vorbestimmt ist, so sind auch in jedem von uns bestimmte Eigenschaften und Neigungen angelegt, die wir annehmen und entfalten sollten. Zuviel Sonne kann allerdings auch »verblenden«: Man sieht alles zu rosig, überschätzt sich und nimmt sich zu wichtig, oder man wird gleichgültig und oberflächlich.

Probleme mit der inneren Sonne sind immer auch Probleme der gesamten Persönlichkeit und im besonderen des Herzens (»nicht mit dem Herzen dabei sein«). Menschen mit Herzproblemen passen sich oft zu sehr an, stehen nicht zu sich selbst, wollen sich anders geben, als sie sind, und tun deshalb oft die für sie »falschen Dinge«.

Konkret könnte das bedeuten, dass Sie am Sonntag für einige Minuten oder Stunden etwas tun sollten, wozu Sie ganz persönlich Lust haben. Diese Tätigkeit sollte allerdings nicht zweckgebunden, sondern Stunden der Muße sein.

Wichtig ist, dass Sie sich öfters Zeit für bewusstes Innehalten und Stillwerden einräumen. Wie oft geht uns bei süßem Nichtstun – in der Stille – ein Licht auf, oder wir sehen eine Sache »in neuem Licht« oder es wird uns etwas »sonnenklar«. Dann sind wir kreativ und sonnenbestimmt und entwickeln eine tiefe Abneigung gegen das Enge, Niedrige und Dunkle. Wir werden großzügig, großmütig, wohlwollend und tolerant und sind uns unseres eigenen Wertes bewusst.

Der Sonntag eignet sich auch gut, um die Geselligkeit zu pflegen. Laden Sie Gäste ein, und genießen Sie es, im Mittelpunkt zu stehen. An diesem Tag spielt das Essen keine so große Rolle wie am Donnerstag. So könnten Sie die Woche mit einem geselligen Frühstück beginnen. Genießen Sie dazu Kaffee, Tee (geröstet), Toasts und Grilladen, denn darin sind Bitterstoffe enthalten, die nach der östlichen Heilkunde – allerdings in geringen Mengen – eine positive Wirkung auf Herz und Kreislauf haben. Und Herz und Kreislauf wiederum werden der Sonne zugeordnet.

Gestalten Sie also den Sonntag so, dass er für Sie etwas ganz Besonderes wird – genügend ruhen, der Muße frönen und Sonnenlicht tanken.

Großzügig strahlt die Sonne ihr Licht, ihre Wärme, ihre weckenden Kräfte auf alles und jedes aus. Will eine Pflanze erblühen, dann muss sie sich öffnen. Will ein Mensch sich voll entfalten, dann muss er sich ebenfalls öffnen – der Sonne, dem Symbol der göttlichen Kraft.

Meditation für den Sonntag: Sich von Licht und Kraft erfüllen lassen

Nehmen Sie Ihre Meditationshaltung ein (eine zentrierte, aufrechte und entspannte Haltung), oder legen Sie sich hin. Ihre Hände liegen wie offene Blumen locker auf den Oberschenkeln. Stellen Sie sich vor:

Sie sitzen unter der strahlenden Sonne. Auf dem Kopf, auf jeder Hand und jedem Fuß liegt ein offener Blütenkelch. Während der Einatmung nehmen Sie das Licht durch die Blüten auf, lassen sich in der Atempause davon erfüllen und ausatmend verströmen Sie es durch ihr Herz an Ihre Umwelt. Dabei wiederholen Sie den folgenden Leitsatz mehrere Male:

»Ich öffne mich der göttlichen Freude, lasse mich davon erfüllen und strahle sie durch mein Herz hinaus in die Welt.«

Sie können auch andere Qualitäten einsetzen, die für Sie zur Zeit wichtig sind, z.B. heilende Kraft, göttliche Weisheit, wegweisendes Licht, göttliche Liebe, Frieden, Geduld, Gelassenheit usw. Bleiben Sie 5–20 Minuten sitzen oder liegen, und beenden Sie die Meditation mit einem kräftigen Recken und Strecken.

So können Sie den Sonntag am besten nutzen und genießen

Ruhen Sie nach Herzenslust – nächste Woche geht die Arbeit doppelt so schnell voran.

Tanken Sie Sonnenlicht beim Wandern und/oder daheim am Fenster, auf dem Balkon oder im Garten. Hören Sie oder machen Sie Musik.

Singen und tanzen Sie – dazu braucht man nicht unbedingt einen Partner, eine Partnerin oder Publikum. Kleiden Sie sich besonders hübsch, und tragen Sie Gold. Frönen Sie Ihrem ganz persönlichen Hobby.

❀

3. Montag –
Tag des Mondes

Montag – Mondtag, der Name sagt es bereits: Dieser Tag wird vom Mond regiert. Selene/Artemis, Kore/Persephone, Hekate und Hera sind, den Mondphasen entsprechend, die Mondgöttinnen des Südens. Sie verkörpern alle Lebensphasen von der Geburt bis zum Tod. Sie wurden als Fruchtbarkeitsgöttinnen und Geburtshelferinnen verehrt, aber auch als Zerstörende und Tötende gefürchtet. Obwohl im Norden schon seit Urzeiten ein

Mondkult praktiziert wurde, sind die Götter bzw. Göttinnen dieses Gestirns nicht speziell bekannt.

Es gibt wenig auf Erden, das nicht direkt oder indirekt vom Mond beeinflusst wird. Beobachten wir Ebbe und Flut, wird uns die gewaltige Kraft des Mondes, der solch mächtige Wassermassen bewegt, erst richtig bewusst. Auch im menschlichen Körper beeinflusst der Mond den Wasserhaushalt und die Verdauungssäfte, indem er sie unter anderem staut oder zum Fließen bringt. Er beeinflusst auch Keimen und Wachstum der Pflanzen und bestimmt weitgehend das Verhalten der Tiere. Der Mond hat außerdem starken Einfluss auf die menschliche Psyche. Er kann z.B. aggressiv machen oder auch lähmend wirken.

So könnte man es am Montag beispielsweise besonders gerne haben, wenn einem gesagt wird, was zu tun ist und wo es langgeht.

Der Mond spricht im Menschen die tiefsten Seelenschichten, das Unterbewusstsein an. Auch die Gabe der Intuition hängt weitgehend vom Mond ab. Bei Vollmond wird mehr geträumt. Traumen aus der frühesten Kindheit können sich später bei bestimmter Mondstellung im Traum wieder zeigen. Dabei können belastende Muster aus dem Unterbewusstsein zum Vorschein kommen und aufgelöst werden.

Montags darf man aber auch in schönen Erinnerungen schwelgen oder den Sinn von schlechten Erinnerungen zu ergründen suchen.

Dem Mond wird allgemein das Weibliche

in jedem Menschen zugeordnet. Eine Stärke des Weiblichen ist die Kraft der Geborgenheit. Früher war die Frau auch die Hüterin des Feuers (später des Hauses), um das sich bei Sturm, Kälte und Regen die ganze Sippe scharte. Und wer kann einer Familie, Kindern, alten Menschen und Freunden besser ein Gefühl der Geborgenheit und Zuversicht schenken als die Frauen (es gibt allerdings auch Männer, in denen das Weibliche sehr stark ausgeprägt ist). Diese Stärke steckt in jedem Menschen, aber oft redet man sich das Gegenteil ein und meint, von anderen Menschen diesbezüglich abhängig zu sein.

Abhängigkeit ist ein großes Thema des Mondes. Vom Mondeinfluss wird die Mutter-Kind-Beziehung stark geprägt. Dabei geht es nicht so sehr darum, ob diese positiv oder negativ ist, sondern wie stark sie ist. Zu starke Abhängigkeit eines Erwachsenen von seiner Mutter oder umgekehrt der Mutter von ihrem erwachsenen Kind sollte aufgelöst, erlöst werden. Es geht auch nicht darum, was und wieviel man füreinander tut, sondern wie man sich in seinen eigenen Entscheidungen von der Mutter bzw. von Sohn oder Tochter beeinflussen lässt und inwieweit die Gedanken tagein tagaus um die Eltern bzw. die erwachsenen Kinder kreisen und/oder ob man durch die anderen lebt bzw. zu leben versucht.

Die meisten negativen Kindheitserinnerungen kreisen um Menschen, von denen man einmal abhängig war und/oder die uns in irgendeiner Weise verletzt haben. Die dadurch entstandenen Gefühle wie Groll, Rache oder sogar Hass können uns ernsthaft krank machen. Also weg damit! Dafür eignet sich der Montag bestens, denn so, wie der Montag für viele der wöchentliche Waschtag ist, so könnte er auch der Tag sein, an dem man die »innere Wäsch« wäscht, d.h., sich reinwäscht von diesen alten negativen Gefühlen. Wenn Sie sich dabei bewusst machen, dass nur Menschen, die selbst unglücklich, frustriert oder irregeleitet sind, anderen Leid zufügen, dann fällt Ihnen das Vergeben und Vergessen vielleicht etwas leichter. Alle großen Religionsstifter halten zur Vergebung an, weil sie für das Seelenheil ganz wichtig ist. Um die Gerechtigkeit brauchen wir uns nicht zu kümmern.

Eine weitere weibliche Stärke ist die Fähigkeit der Anpassung und des Erduldens. Auf lange Sicht kommt man oft weiter, wenn man sich in einer ausweglosen Situation anpasst und das Beste daraus macht, statt gegen eine Mauer zu kämpfen. Was das Erdulden anbelangt, sollte man eine gewisse Grenze nicht überschreiten.

Auch Melancholie und Launenhaftigkeit werden vom Mond beeinflusst. Oft kann man unangenehme Stimmungen überbrücken oder sogar auflösen, wenn man sich diese ehrlich eingesteht (vielleicht sogar das soziale Umfeld einbezieht). Wenn man sich innerlich davon distanziert (»Ich bin zwar miserabler Laune, aber den Tag lasse ich mir nicht verderben!«), dann lösen sich solche Stimmungen oft in Rauch auf.

Dem Mond untersteht teilweise auch das

Magische und die Furcht. Im Mondschein sieht alles anders aus als bei hellem Sonnenschein: Das Wasser glitzert silbrig, Bäume und Gebäude werfen lange und oft sogar bedrohlich Schatten. Es wird im Halbdunkel etwas vorgetäuscht, was gar nicht ist. Dasselbe kann in den dunklen, inneren Bereichen des Menschen passieren. Sie erzeugen einen Schatten, weil sie unbekannt sind, und erzeugen Furcht – Furcht vor sich selbst oder auch vor den Mitmenschen, vor alltäglichen Situationen, Tieren usw. Am Montag kann sich diese Mondeigenschaft auch in der Angst vor der kommenden Woche zeigen. Wie der Mond kein eigenes Licht besitzt, sondern nur das Sonnenlicht reflektiert, so besitzt auch der Montag oft wenig eigenen Glanz und eigene Kraft. Wenn man montags noch nicht »ganz auf Draht« ist, so entspricht das der tieferen Symbolik des Tages. Der Montag kann wirklich seine Launen haben, wie ich schon selbst bemerkte.

Lassen Sie sich nicht von einem launischen Mond den Montag verderben, sondern treten Sie etwas leiser, schwelgen Sie vielleicht in schönen Erinnerungen oder in süßer Melancholie, und warten Sie auf den Dienstag – da sieht alles wieder anders aus.

Meditation für den Montag: Die Vergangenheit loslassen

Nehmen Sie Ihre Meditationshaltung ein (eine zentrierte, aufrechte und entspannte

Haltung), oder legen Sie sich hin. Ihre Hände liegen locker auf den Oberschenkeln, die Finger zeigen zum Boden (verbrauchte Energie abfließen lassen). Stellen Sie sich vor:

Sie sitzen bei Tagesanbruch an einem breiten Strom. Vor Ihnen fließen die großen Wassermassen, die in allen dunklen Farbvarianten funkeln. Die Sonne – eine feuerrote Kugel – steigt langsam auf und taucht den Himmel in lila und violettes Licht … Während Sie ausatmen, übergeben Sie dem dunkeln Fluss alles, was Sie aus der Vergangenheit belastet. Erinnerungen, die Sie schmerzen, fließen wie dunkle Säfte in den reißenden Strom … Menschen, die Sie in der Vergangenheit verletzten, setzen Sie in große, silberne Muscheln.

Diese werden von den Wellen des Stroms über den Fluss zur aufgehenden Sonne gebracht. Das Licht der Sonne, das Göttliche, soll deren dunkle Seiten erhellen und sie glücklich machen … Lassen Sie los … lassen Sie los … lassen Sie los … Sprechen Sie dabei langsam und bewusst 7-mal:

»Meine Schmerzen der Vergangenheit übergebe ich dem Strom der Liebe, der Vergebung, der Reinheit. Ich werde innerlich frei, und tiefster Frieden kehrt in mich ein.«

Beenden Sie die Meditation, wenn Sie sich wohl und frei fühlen.

So können Sie den Montag am besten nutzen und genießen

Trinken Sie am Montag viel Wasser. Arbeiten Sie möglichst viel am Wasser – der Montag ist der ideale Waschtag. Die Haare waschen, gründlich duschen oder sich ein Bad gönnen, tut am Montag besonders gut. Alte Fotos einkleben und dabei in Erinnerungen schwelgen. Verbringen Sie heute einige Minuten mehr als üblich im Bett, und denken Sie etwas Schönes. Tragen Sie heute Silber, es ist das Metall des Mondes. Silber kühlt und unterstützt das Loslassen, das Fließenlassen.

❀

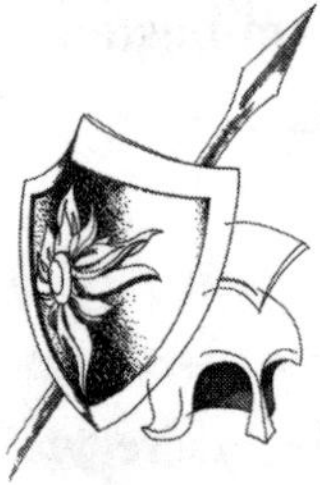

4. Dienstag – Tag des Mars

Schon die alten nordischen Völker haben diesen Tag ihrem temperamentvollen und unternehmungslustigen Kriegsgott Tyr bzw. Ziu geweiht. Im Alemannischen und auf Schweizerdeutsch heißt der Dienstag heute noch Zischtig. Die Griechen sahen in ihm ihren Kriegsgott Ares und die Römer Mars. Er war auch der Gott der Männerbünde, der Volksversammlungen. Heute noch werden viele landwirtschaftliche Markttage am

Dienstag abgehalten. Der Dienstag war auch vielerorts der Gerichtstag – Mars ist der Gott der Gerechtigkeit, als solcher fühlt er sich für das Wohlergehen der Menschen verantwortlich.

Mars verkörpert die Antriebskraft des Menschen, eine Kraft, die sich nach außen ausdrücken will und zum Handeln oder Kämpfen anspornt. Es ist die männliche Kraft, die natürlich auch in jeder Frau vorhanden ist. Diese Kraft ist neutral – der Mensch entscheidet selbst, wofür er sie einsetzt. Sie drängt zur körperlichen Bewegung, liebt ein gesundes Maß an Stress, die Herausforderung, den Wettkampf – den Kampf als solchen.

Die Marskraft ist die Kraft des Handelns. Sie will sich einbringen; sie will, dass Talente und Begabungen zum Ausdruck gebracht werden, dass der Mensch zeigt, was er kann und was er will. Jeder verfügt über besondere Fähigkeiten. Möchten wir zufrieden und ausgefüllt sein, dann sollten sie haupt- oder nebenberuflich zum Einsatz kommen. Auch der Wille und die Begeisterung gehören zu dieser treibenden Kraft. Wichtig ist zu wissen, dass diese Kraft sich immer wieder zeigen will. Der Mensch muss ihr Raum verschaffen, ihr Aufgaben übertragen, sonst sucht sie sich selbst ihr Betätigungsfeld, und das kann so weit gehen, dass sie den Menschen beherrscht und ihn zu etwas treibt, was er eigentlich gar nicht will – oder ihn zerstört.

Die Marskraft kann zum Erreichen vieler Ziele eingesetzt werden: körperlich, z.B. im

Beruf, im Sport oder im Yoga; geistig spornt sie an, etwas Neues zu lernen, verhilft zu schnellen und klaren Entscheidungen und verschafft einen klaren Durchblick; seelisch schenkt sie Begeisterung, Mut, Abenteuerlust und Selbstvertrauen.

Diese männliche Kraft ist nicht magisch anziehend wie etwa die Kraft des Mondes, sondern zwingend und mitreißend. So kann sie natürlich überborden, dominant und diktatorisch werden. Sie kann anderen ihren Willen aufzwingen. Da diese Kraft bei den Männern in der Regel stärker ausgeprägt ist, haben sie weniger Mühe, ihren Willen kundzutun und nach ihren Bedürfnissen zu leben. Die meisten Frauen hingegen stellen oft fest, dass sie sich zu sehr anpassen und unterordnen. Dann sollten sie die Marskraft besonders nutzen.

Im negativen Sinn ist die Marskraft verantwortlich für Kritiksucht, Ärger, Aggressionen, Jähzorn und Zerstörungswut. Sie veranlasst uns auch zu Übertreibungen: Mut wird zu Übermut, Wagnis zu Tollkühnheit, Entschlossenheit zu Rücksichtslosigkeit und Aktivität zu rastloser Geschäftigkeit.

Mars als unseren inneren Kämpfer, als Kämpfer für Gerechtigkeit, können wir einsetzen, wenn wir die Umwelt mit ihren Anforderungen und Belastungen auf eine gesunde Distanz bringen wollen. Einem Bauern gleich, müssen wir die Grenzen unserer »Weiden« immer wieder neu setzen, kontrollieren oder, wenn nötig, ausweiten. Wir brauchen

Raum, zeitlich und örtlich gesehen, um uns mit all unseren Fähigkeiten und Möglichkeiten voll entfalten zu können. Schaffen wir das auf friedlichem Weg, dann ist das Kämpfen nicht mehr nötig und allfällige Aggressionen werden wie von selbst verschwinden. Aggressionen (auch bei den lieben Mitmenschen) bauen sich nur dann auf, wenn man sich im Leben nicht nach seinem Sinn und Zweck richtet. Trotzdem müssen wir aber ein gesundes Maß an Engagement für das Gemeinwohl beisteuern, sonst werden wir zu egozentrischen Nutznießern. Als Gott der Männerbünde war Mars auch immer an deren sozialem Wohlergehen interessiert und an allem, wofür sie sich einsetzten: für Schutz und Geborgenheit der Schwächeren.

Weiter war der keltische Gott Tyr bzw. Ziu, wie auch sein Nachfolger Mars, nicht nur ein Gott, der eine Gefolgschaft durch seine Kriegsstrategien beherrschte und zum Gehorsam zwang, sondern auch durch seine Beredsamkeit. Er konnte durch zündende Reden die Menschen begeistern und für sich einnehmen. Er konnte die Menschen mit seinen Worten und der eigenen Begeisterung fesseln. Das ist interessant, weil doch besonders tatkräftige Menschen ein gewisses Charisma aufweisen, das die Mitmenschen in Bann schlägt.

Der Dienstag kann Ihr produktivster Arbeitstag sein, der Tag, an dem Sie an Ihre Grenzen gehen und die Herausforderung sogar genießen. Ihnen kann bewusst werden, dass Sie Aggressionen, falls sie in Ihnen aufsteigen, nicht unterdrücken sollten, sondern sie zuerst hinterfragen, da man nie grundlos aggressiv ist. Es gibt aber Tage, da können aufgewühlte Gefühle, die vielleicht schon seit längerer Zeit in uns brodeln, eher zum Ausbruch kommen. Da ist Nachdenken, Analysieren und Neue-Entscheidungen-Treffen angesagt. Aggressionen können auch durch intensive Körperarbeit, Sport oder kräftiges Ausschreiten beim Gehen abgebaut werden. Wir müssen uns einfach bewusst sein, dass sich der innere Kämpfer gegen uns selbst richten und in uns große Zerstörungen anrichten kann, wenn wir einen inneren Kampf nicht im Äußeren leben.

So passen intensiver Sport und Gespräche,

in denen es um Entscheidungen und Klarheit geht, wunderbar zum Dienstag. Sind Sie sich dieser feurigen Tatkraft bewusst und setzen Sie sie gezielt ein, dann bereichert sie Ihr Leben auf allen Ebenen.

Meditation für den Dienstag: Körperliche und seelisch-geistige Kräfte aktivieren

Je verschlackter der Körper ist, um so schwerer fühlen wir uns körperlich. Aber auch auf der seelisch-geistigen Ebene können wir mit alten Schlacken belastet sein (Groll, Schuldgefühle oder negative Glaubenssätze, die uns früher eingeredet wurden und für uns heute noch ihre Gültigkeit haben wie »Das kannst du nicht« usw.). All diese hemmenden, veralteten Behauptungen, die zu Ausreden werden können, sollten Sie loswerden. Nur dann können Sie zu neuen Taten aufbrechen. Nur dann haben Sie den Mut, Ihren Fähigkeiten gemäß zu leben, das zu tun, wozu Sie Lust haben.

Nehmen Sie Ihre Meditationshaltung ein (eine zentrierte, aufrechte und entspannte Haltung), oder legen Sie sich hin. Ihre Hände liegen auf der unteren Hälfte des Bauches. Stellen Sie sich vor:

In Ihrem Beckenboden brennt ein loderndes Feuer. Visualisieren Sie nun alles Hemmende und Veraltete als braune Kugel. Bei jedem Atemzug sehen Sie, wie eine Kugel wie Zunder vom Feuer vertilgt wird. Von besonders Hartnäckigem machen Sie 3, 7 oder bis zu 21 Kugeln, die Sie mit der entsprechenden Anzahl Atemzüge ins Feuer werfen ... Ihr Feuer soll vorerst alles verzehren, was in Ihnen an Verbrauchtem ist ... Lassen Sie sich dazu viel Zeit ... Einatmend lassen Sie nun die Flammen hoch und höher steigen; ausatmend lassen Sie sich von der Kraft und Wärme des Feuers neu erfüllen. Sprechen Sie nun die folgende Bejahung 3- bis 21-mal:

»Mein Feuer erhitzt und stärkt jede Zelle meines Körpers, wärmt mein Herz und erhellt meinen Geist.«

Erfassen und erleben Sie die Kraft des Feuers mit jeder Faser. Bleiben Sie 5–20 Minuten sitzen, und recken Sie sich zum Schluss kräftig.

So können Sie den Dienstag am besten nutzen und genießen

Dienstag ist der Powertag, der Sporttag, der günstigste Tag für sportliche Wettkämpfe. Er eignet sich für Gemeinschaftsprojekte. Am Donnerstag wird geplant – am Dienstag wird ausgeführt. Müssen Überstunden eingeplant werden oder andere zusätzliche Arbeiten, dann ist der Dienstag dafür der geeignete Tag. Beschäftigungen, die handwerkliches Geschick erfordern, können besonders gut erledigt werden.

❀

5. Mittwoch – Tag des Merkurs

Die Germanen weihten den Mittwoch Odin oder Wotan, ihrem höchsten Gott. Leider ließ sein Charakter zu wünschen übrig. Er war ebenso launisch wie mächtig, ebenso verräterisch wie großzügig; er wurde geachtet und verehrt, aber auch gefürchtet, denn auf ihn war kein Verlass. Sein Wesen war bestimmt durch Wanderschaft, Unruhe, Wandel, zerstörerische und schöpferische Grenzüberschreitung. Ihm unterstanden die

Kriegsstrategie, die Zauber- und Dichtkunst, der Handel und die Reisenden.

Auch bei Merkur, der Odin später ablöste, finden wir diese Charakterzüge. Ihm wird der Verstand zugeordnet: strukturierendes Nachdenken, erkennendes Unterscheiden, vergleichendes Beobachten, sammeln und ordnen von Eindrücken und erfassen des Wesentlichen. Als innerer Ökonom findet er schnell heraus, wie mit kleinstem Aufwand der größte Effekt erzielt wird. Ihm wird auch die Sprache zugeordnet. Er gibt den Dingen die Namen, erkennt und benennt. Er symbolisiert eine wunderbare Kraft – die Kraft des Denkens.

In der griechischen Mythologie entspricht Merkur Hermes, der als junger Athlet mit geflügelten Sandalen dargestellt wird. Er war der Überbringer von Botschaften, welche die Götter untereinander austauschten. Hermes bzw. Merkur verkörpert die Fähigkeit der Kommunikation. Er ermöglicht die Beziehungen unter den Menschen, die Beziehung zwischen Mensch und Umwelt und die des Menschen zu sich selbst, wie z.B. die Kommunikation zwischen Gefühl und Verstand, zwischen inneren Kräften und schließlich kosmischen Kräften. Die Qualität all dieser Beziehungen und Verbindungen bestimmt weitgehend, wie erfüllt und glücklich wir sind. Kennen Sie einen Menschen, der nur seine Sonnenseite liebt, der seine Familie und Freunde ausnutzt, der nur das glaubt, was er sieht, und bei all dem glücklich ist?

Es ist auch kein Zufall, dass Merkur bzw. Hermes als Jüngling dargestellt wird. Viele Charakterzüge der Jugendlichen, die sich mit den Jahren umwandeln, finden wir auch in diesem Archetyp: ein gewisses Maß an Sorglosigkeit, Gleichgültigkeit, Ruhelosigkeit, Oberflächlichkeit, Ichbezogenheit und die Lust auf Schabernack. Sehr oft sieht Merkur auch nicht die Konsequenzen, die sich aus seinem Handeln ergeben. In ausgeprägter Form finden wir dieses typische negative Merkurgehabe auch bei manchen Naturwissenschaftlern (z.B. in der Gentechnologie) und bei Experten der Wirtschaft und Politik – Berufssparten, die überwiegend vom Verstand regiert werden.

Merkur zeichnet sich auch durch seine

Ruhelosigkeit aus. Er ist rastlos, jagt Neuem nach oder verzettelt sich. Er kann allerdings auch zur Ruhe gebracht oder sogar erzogen werden. Dann kehrt er seine besten Seiten heraus, brilliert mit seiner klaren Logik, seinem scharfen Verstand und seinem Ordnungssinn. Die Inspiration, wenn Merkur mit den kosmischen Kräften kommuniziert, ist uns im Alltäglichen wie auch im Außerordentlichen von allergrößtem Nutzen. Solche Geistesblitze gehören zum Kostbarsten; sie sind die Melodie und Farbe in unserem Leben.

Wie Nachdenken zu höchsten Erkenntnissen führen kann, so kann es in negatives Grübeln ausarten und tiefste Depressionen auslösen. Endloses Wälzen und Zerlegen von

Problemen, ohne nach einer Lösung zu suchen, lässt den Menschen nur noch tiefer in Verstrickungen und Hoffnungslosigkeit fallen. Auch die Kritiksucht, der heute leider viele verfallen sind, hemmt den inneren Wachstumsprozess, weil man damit sich selbst und andere blockiert (man getraut sich nicht mehr, Entscheidungen zu treffen, nach Lösungen zu suchen oder Neues zu wagen). Teilwahrheiten, Intrigen, verbunden mit Klatsch, verursachen viel Leid. Voreilige negative Bewertungen (»Das ist ein Blödmann!«) untergraben die Würde eines Menschen.

All diese negativen Auswirkungen haben ihren Ursprung in »falschem«, einseitigen Denken. Nur die linke Gehirnhälfte ist im

Spiel. Dieses Denken ist analytisch, gefühllos und dadurch auch oberflächlich, kalt und berechnend, wenn das Herz nicht einbezogen wird. Denkstrukturen sind Gewohnheiten, die wir jedoch wie jede andere Gewohnheit verändern können. Die Meditationen des Mittwochs helfen Ihnen dabei.

Machen Sie sich bewusst, dass Ihre Gesundheit, Ihre Stimmungen, Ihr Glück – Ihr ganzes Leben! – von Ihrem Denken abhängen. So wie Sie denken, gestaltet sich Ihr Schicksal.

Die Merkurenergie will sich auf jeden Fall in unserem Leben zum Ausdruck bringen, deshalb sollten wir sie auch sinnvoll einsetzen. Da nicht jeder in einem Beruf arbeiten kann, in dem analytisches bzw. logisches Denken erforderlich ist, können Sie diese Fähigkeit aber auch in Ihrer Freizeit fördern. Besorgen Sie sich Bücher oder Zeitschriften, die Sie zu neuen Erkenntnissen führen, sorgen Sie für geistige Auseinandersetzung. Auch das Lösen kniffeliger Rätsel, Schachspielen oder das Erlernen einer Fremdsprache bringen den Merkur auf Trab.

Da Merkur zum Sternzeichen Zwillinge gehört, zeichnet er sich durch Doppeldeutigkeit aus. So kann der Mittwoch der beste Tag sein, um zwischenmenschliche Beziehungen zu pflegen, Freunde zu treffen usw. Er kann aber auch der ungeeignetste Tag dafür sein, da man am Mittwoch leicht das Falsche sagt, ins Fettnäpfchen tritt, falsch reagiert oder ins Tratschen kommt.

Was bedeutet das nun für die Gestaltung des Mittwochs? Wie es der Name zeigt, befinden wir uns in der Mitte der Woche. Wir können dabei auf dem Gipfel stehen oder im tiefsten Tal sitzen, wir können himmelhoch jauchzen oder zu Tode betrübt sein. Nutzen wir doch die restlichen Tage, um wieder in der Mitte anzukommen, wo der Weg am angenehmsten ist.

Meditation für den Mittwoch: Die Gehirnhälften aktivieren

Wenn Sie zu Beginn der Meditation den PC-Muskel (zwischen Scham- und Steißbein) anspannen, wird das Gehirn energetisch aufgeladen. So schenkt Ihnen diese Meditation geistige Frische und Klarheit, die Fähigkeit der Konzentration und innerer Ruhe. Die folgende Meditation können Sie auch am Arbeitsplatz machen, z.B. im Büro, wenn es mit der Konzentration nicht mehr klappt. Die Wirkung können Sie verstärken, wenn Sie vorher ein Glas Wasser trinken und das Fenster öffnen.

Sie sitzen stabil und aufrecht. Ihre Daumen drücken Sie an das Brustbein, die beiden Handteller berühren sich.

Einatmend spannen Sie den PC-Muskel an, d.h., Sie spannen die Muskulatur rund um den Damm an, indem Sie den After- und Blasenschließmuskel gleichzeitig anspannen, so als wollten Sie Kot und Urin zurückhalten.

Danach ziehen Sie die Bauchdecke ein und das Kinn an. Sie halten die Spannung ungefähr 10 Sekunden an und lassen während der Ausatmung jede Spannung langsam wieder los. Circa 12-mal. – Danach beobachten Sie den Atem und machen sich dabei die 4 Phasen bewusst: Einatmung – Pause – Ausatmung – Pause … Verlängern Sie nun die beiden Pausen etwas … Sie bleiben dabei ganz gelassen und lenken Ihre Gedanken, wenn nötig, immer wieder auf den Atem. Beenden Sie die Sitzung nach 5–20 Minuten, indem Sie sich herzhaft recken und strecken.

So können Sie den Mittwoch am besten nutzen und genießen

Heute ist der beste Spieltag. Oder wie wäre es wieder einmal mit einem Kreuzworträtsel? Auch ein kleiner Spaziergang in rhythmischer, zügiger Gangart ist wie Balsam für das Nervensystem, bringt Ausgeglichenheit und macht einen klaren Kopf. Quecksilber ist das Metall Merkurs, das Sie natürlich nicht bei sich tragen können, statt dessen aber einen Bergkristall, der für Konzentration und innere Klarheit steht. Schauen Sie sich einen lustigen Film an.

❀

6. Donnerstag – Tag des Jupiters

Donar bzw. Thor war der Gott, dem die alten Völker des Nordens den Donnerstag weihten. Er war sehr populär, ein Kraftprotz, ein Polterer, ein gewaltiger Biertrinker und enormer Esser, kurzum: ein richtiger Haudegen und Genießer, ein »Donnerkerl«. Seine stattliche Positur war so beeindruckend, dass jeder einen Kampf mit ihm vermied. Thor galt als geradlinig, unkompliziert und gutmütig – wenn man ihn nicht verärgerte.

Ähnliche Eigenschaften werden aus astrologischer Sicht Jupiter – deshalb ist ihm der Donnerstag symbolisch zugeordnet – oder in der griechischen Mythologie Zeus zugesprochen.

Die Jupiterkraft ist grundsätzlich positiv und erzeugt im Menschen ein Gefühl für den Sinn des Lebens. Das ist ein erhebendes Gefühl! Dieses Gefühl, diese Vermutung, die sich zu einem überzeugten Glauben oder sogar zu Gewissheit entwickeln kann, tut gut. Beobachten Sie einmal selbst: Wie fühlt und verhält sich jemand, der an einen Sinn des Lebens glaubt, und wie jemand, der in seinem Leben keinen Sinn erkennen kann. Die Gewissheit, dass das Leben nicht »zufällig«, sondern sinnvoll verläuft, reicht vom Fassbaren bis ins Unfassbare, vom Endlichen bis ins Transzendente.

Ein Mensch, der sich bewusst geworden ist, dass sein Leben mit allen Herausforderungen, Freuden und Leiden einen tieferen Sinn in sich birgt, strahlt innere Stärke aus, die ihm natürlichen Schutz und Würde verleiht. Kommt Leid über ihn, kann er es leichter ertragen, denn er weiß, dass es nicht sinnlos und alles dem immerwährenden Wandel unterworfen ist.

Wir alle tragen in uns ein natürliches Verlangen nach Lebensfreude und Lebenslust (viele verdrängen das leider). Jupiter mischt da auch kräftig mit. Überbordet er, kann es in Völlerei und Prasserei ausarten. Er ist außerdem eine Spielernatur, liebt rauschende Feste, große Gelage – einfach alles, was die Lust und die Freude im Leben steigert.

Jupiter ist der Gott des Reichtums, der Expansion und als solcher auf vielen Symbolen zu finden, die Wohlstand repräsentieren. Er liebt schlicht und einfach den Luxus und kann nie genug davon bekommen. Wenn wir nicht aufpassen, kann er zum inneren Verführer werden. Erliegen wir ihm, müssen wir etwas vorsichtig sein, damit wir nicht vom Materiellen besessen werden, statt es zu besitzen. Donnerstags haben auch viele Geschäfte längere Öffnungszeiten; da wird viel gekauft, was gar nicht nötig wäre. Was soll's, wenn es Freude macht, hat es wohl auch einen Sinn.

Die Jupiterenergie beinhaltet auch die innere Weisheit und eine objektive Sichtweise. Diese Kraft gestattet uns, das Leben von einer höheren Warte aus zu betrachten. Wir sehen den Weg zu unserem Ziel und sehen auch, welche Schritte wir unternehmen müssen, um das Ziel zu erreichen. Wir erkennen, dass wir ein Teil des kosmischen Plans sind, mit dessen Kraft, unseren Visionen und unserem Willen wir alles erreichen können. Jupiter zeigt uns auch die Fülle des Lebens und die unerschöpfliche Fülle des Universums, die uns zur Verfügung steht. Mit unserer Schaffenskraft und unserem unerschütterlichen Vertrauen öffnen wir uns dieser universellen Fülle. Wenn wir die Jupiterkraft in uns entfalten, entwickeln wir auch die nötige charismatische Ausstrahlung, um Mitmenschen für unsere Pläne und Projekte zu begeistern.

Jupiter kann mit dem Höheren Selbst assoziiert werden; K. O. Schmid, ein großer Weisheitslehrer, spricht vom »inneren Riesen«. Diese innere Kraft, die Kraft eines Riesen, steht uns jederzeit zur Verfügung, wenn sich die kleinsten wie auch die größten Wünsche erfüllen sollen. Sie unterstützt und hilft uns gerne, wenn wir großzügig denken – auch in Bezug auf die Mitmenschen –, großzügig schenken und großzügig die Zukunft planen und anpacken. Jupiter liebt das Große und Weite. Mit unangenehmen Kleinigkeiten befasst er sich allerdings nicht gerne (das erledigt Saturn). So übersieht er leicht und gerne die kleinen Details.

So wie im Norden Donar der Gott des Donners und Blitzes war, so war im Süden Zeus der Gott des Himmels und des Wetters. Ein äußeres wie auch ein inneres Gewitter kann sehr reinigend wirken, dann können sich die volle Schaffenskraft, Mut und Elan erst richtig entwickeln. So kann uns diese Götterkraft, wenn nötig, etwas unsanft von altem Ballast und alter Enge (auch im Denken) befreien, uns das Wesentliche im Leben zeigen und uns zwingen zu handeln. Wenn wir Ziele setzen, die unserem Wohle und dem der Umwelt dienen, ist diese Energie die treibende Kraft und ein guter Ratgeber. Unter der Schirmherrschaft Jupiters können wir Pläne begeistert aufgreifen und in die Tat umsetzen, sofern sie mit dem »großen Plan« übereinstimmen.

Der Einfluss Jupiters reicht bis in die Zukunft, und so ist Donnerstag der richtige Tag, um Zukunftsvisionen zu entwickeln und den Sinn des Lebens neu zu hinterfragen. Früher war der Donnerstag in der Schweiz auch der »kleine Sonntag«: Schulen und Arztpraxen hatten geschlossen, die Burschen gingen auf Brautschau. Es war der Tag, an dem man zusammen speiste, trank und die Lebensfreuden voll auskostete – der ideale Tag, um zu feiern und sich zu freuen!

Meditation für den Donnerstag: Die Kanäle des Reichtums öffnen

Durch Ihre innere Einstellung können Sie tatsächlich äußeren Reichtum und Überfluss anziehen. Neben einer erfolgreichen Zukunftsplanung muss also auch immer die innere Einstellung hinterfragt und neu angepasst werden. Soll beispielsweise mehr Geld zu uns fließen, dann müssen wir Geld lieben und vermehrt zum Fließen bringen; möchten wir einen größeren Freundeskreis, dann müssen wir zuerst unsere innere Haltung den Mitmenschen gegenüber unter die Lupe nehmen. Wenn Sie reich werden wollen, was immer das auch heißt, dann müssen Sie sich schon jetzt »reich fühlen« …

Nehmen Sie Ihre Meditationshaltung ein (eine zentrierte, aufrechte und entspannte Haltung), oder legen Sie sich hin. Ihre Hände liegen wie Schalen locker auf den Oberschenkeln.

Bleiben Sie zuerst einige Sekunden in der Stille und konzentrieren Sie sich auf die kleine Pause nach der Ausatmung – auf die Leere. Stellen Sie sich folgende Fragen: Was bedeutet mir innerer Reichtum? ... Was bedeutet mir äußerer Reichtum? ... Was brauche ich, um zufrieden und glücklich zu sein? ... Wenn Ihnen nun klar ist, was Sie brauchen, dann stellen Sie sich vor, Sie würden es schon besitzen, sie würden es benutzen, Sie würden damit leben ... Stellen Sie sich weiter vor, wie Sie sich fühlen ...

Nun stellen Sie sich vor, wie Sie schon jetzt ein wenig so leben, als hätten Sie es schon … Wenn Sie mehr Geld haben möchten, stellen Sie sich vor, wie Sie schon jetzt jeden Monat einen kleine Betrag auf Ihr Sparkonto legen und den Rest voller Freude großzügig ausgeben. Sie kaufen hübsche Sachen, ein gutes Buch, Konzert- oder Theaterkarten, Essen von bester Qualität und haben immer auch eine offene Hand für Spenden und Geschenke … Wenn Sie ein neues Heim möchten, stellen Sie sich vor, wie Sie schon jetzt Ihr Zuhause mit wenigen Mitteln verschönern usw. … Egal, was Sie sich wünschen, behalten Sie es nicht nur für sich … Stellen Sie sich vor, wie Sie Ihre Umwelt damit erfreuen und bereichern …

Beenden Sie die Meditation, indem sie 7-mal sagen:

»Ich bin bereit, Reichtum zu empfangen, will ihn genießen, und die Umwelt soll daran teilhaben.«

So können Sie den Donnerstag am besten nutzen und genießen

Gönnen Sie sich einen Einkaufsbummel, und erfüllen Sie sich einen kleinen oder größeren Wunsch. Laden Sie Bekannte zum Essen ein. Wenn Sie keine Zeit oder Lust haben zu kochen, tut es auch eine Käseplatte mit Roggenbrot. Trinken Sie aus einem Zinnbecher, denn Zinn ist das Metall des Donnerstags. Zünden Sie eine blaue Kerze an, und schmieden Sie dazu in aller Ruhe Zukunftspläne. Leisten Sie sich ein wenig Luxus.

❀

7. Freitag –
Tag der Venus

Der Freitag, althochdeutsch Friatac, alemannisch Fritig, wird der germanischen Göttin Frigg zugesprochen. Diese äußerst raffinierte und verführerische Göttin war die eigentliche Gemahlin Odins, was sie allerdings nicht daran hinderte, mit anderen Göttern »anzubändeln«. Freyia wiederum, ihre Rivalin, hatte zum Ausgleich eine recht enge Beziehung mit Odin … Frigg und Freyia sind Liebes- und Fruchtbarkeitsgöttinnen; ihnen entsprechen im Süden die griechische Göttin der Liebe und der Schönheit, Aphrodite, und die römische Liebesgöttin Venus.

Mit Venus betreten wir das Reich der Schönheit und der Liebe. Schönheit begeistert, beschwingt und beglückt; sie spricht eine tiefe Sehnsucht in uns an, scheint sie doch in irdischer Vollkommenheit Überirdisches zu spiegeln. Dieses Gestaltungsprinzip macht uns empfänglich für formschöne Ausgewogenheit, Ebenmaß, Farben und Klänge. Wir können beobachten, wie leicht es uns bei guter Stimmung fällt, das Schöne zu sehen und uns daran zu freuen. Venus spornt die Künstler an, in ihren Werken Schönheit und Harmonie zum Ausdruck zu bringen. Aber die Venus steckt in uns allen, und jeder ist auf einer ganz individuellen Ebene ein Künstler. Schade, dass viele das gar nicht ahnen. Durch die Praxis der Meditation können Sie jedoch ihre kreative Ader suchen und entdecken und Ihren Sinn für das Schöne wecken. Oder kennen Sie Ihren Sinn für das Schöne bereits oder Ihre kreative Ader? Wenn nicht, fangen Sie am folgenden Freitag mit der Suche an. Und setzen Sie die neuen Talente auch oft und genügend ein, damit sie sich voll entfalten können?

Das durch Venus symbolisierte Harmoniebedürfnis lässt uns auch Spannungen und Gegensätze ausgleichen, Härten und Schärfen mildern. Sie ist die verbindende Energie: In Ihrem Innenleben ermöglicht sie die Beziehungen zu all Ihren Teilpersönlichkeiten. Sie ermöglicht emotionale Verbindungen zum Mitmenschen und zur Natur – zu allem, was von den schöpferischen Kräften geschaffen wurde, zu allem, was durch die Menschenhand kreiert wurde. All diesen Verbindungen, die wir durch die Venuskraft herstellen, liegt die Liebe, das Wohlwollen, die Anerkennung und die Bewunderung zugrunde. Natürlich wird auch jede Ehe oder andere Form von Partnerschaft stark von der Venus beeinflusst. Die Venusliebe in ihrer höchsten Dimension stellt keine Bedingungen und kennt keine Eifersucht. Auch einer größeren Gemeinschaft, deren Mitglieder Gemeinsames leisten oder Projekte ausarbeiten, hilft Venus durch ihr Gestaltungsvermögen.

Venus trägt außerdem die Schlüssel zur liebenden Verbundenheit mit den universellen Mächten – sie besitzt den Schlüssel, der durch die Macht der bedingungslosen Liebe alle Türen öffnet. Wenn wir unser Herz der universellen Liebe öffnen, dann fühlen wir uns auch in schweren Zeiten geborgen und getragen.

Ihr Schatten zeigt sich als Oberflächlichkeit. Venus liebt die Verzauberung: die Umgebung verzaubern und sich selbst verzaubern lassen – narzisstische Verliebtheit; sich von anderen verwöhnen lassen, ohne etwas dafür zu tun, bis hin zu unersättlicher Sucht nach Lust und Befriedigung gehören ebenso zu diesem Prinzip wie Sympathie, Antipathie, Anziehung und Abstoßung. (Alles, was wir unsympathisch oder gar abstoßend empfinden, weist auf etwas in uns selbst hin, das wir nicht annehmen wollen, sondern abstoßen wollen.) Auch ein Zuviel an Sinnlichkeit, zu große sexuelle Anziehungskraft oder sexuelle Hörigkeit kann einem venusbetonten Menschen arg zu schaffen machen.

Venus verlangt von uns nichts weiter, als dass wir uns hübsch machen, unseren Charme spielen lassen, uns verwöhnen und alles Schöne genießen und dass wir freundlich und harmonisch zusammenleben. Dies ist jedoch nur möglich, wenn man sich mit all seinen Fehlern und Unzulänglichkeiten akzeptiert, was den meisten schwer fällt. Aber man kann sich nur dann wirklich lieben, wenn man sich so akzeptiert, wie man ist.

Jede Liebe, die an Bedingungen geknüpft ist, ist unecht, ist wie eine Vergewaltigung – auch die Liebe zu einem selbst. Jeder hat seine Fehler. Die Fehler anderer kann man aber erst dann akzeptieren, wenn man die eigenen akzeptiert. Dasselbe gilt auch für das Sich-selbst-verwöhnen-Können. Wenn man meint, es lohnt sich nicht, sich selbst zu verwöhnen und sich mit Schönem zu umgeben, z.B. auch für sich allein gut zu kochen und am hübsch gedeckten Tisch zu essen, für sich selbst ein »unnötiges« Buch (eine aufreizende Liebesgeschichte), eine CD, ein Schmuckstück, Blumen usw. zu kaufen, dann meint man sehr bald auch, es lohne sich auch nicht für den »launischen« Partner, für die »undankbare« Familie usw. Wenn man sich selbst Schönes und Gutes gönnt und leistet, dann erwartet man es nicht mehr von den andern und man muss auch niemandem dankbar sein – d.h., wir sind frei von belastenden Abhängigkeiten.

Wenn wir Venus gerecht werden wollen, dann treffen wir nicht nur vom Verstand diktierte Entscheidungen, sondern folgen auch unserem Herzen.

Es macht wirklich Spaß und tut gut, wenn Sie den Freitag venusgerecht gestalten. Verwöhnen Sie sich also nach Lust und Laune! Lassen Sie auch andere teilweise daran teilnehmen – aber nur teilweise. Nehmen Sie sich etwas vor, das nur Sie betrifft. Den Freitag können Sie auch zu Ihrem Freundschaftstag machen – besonders unter

Frauen (für Männer ist der Dienstag besser geeignet).

Haben Sie eine feste Beziehung, dann kann es am Freitag nicht romantisch genug zu- und hergehen. Ob damit auch die Sexualität ins Rollen kommt, sollte nicht das Wichtigste sein, weil zu große Erwartungen diesbezüglich Entspannung, Romantik und Harmonie zunichte machen. Venus regiert auch den »Nestbau«, liebt Blumen und Düfte. So kann der Freitag auch der Tag sein, an dem Sie Ihr Heim besonders schön schmücken und sich abends ein duftendes Schönheitsbad gönnen.

Meditation für den Freitag: Romantik und Sinnlichkeit genießen

Die folgende Meditation bringt Sie in eine Welt, von der wir alle träumen, ob wir das nun wahrhaben wollen oder nicht – denn die Venus, das liebe Luder, wirkt in jedem. Sie können die Bilder überall entstehen lassen, ob stehend, sitzend oder liegend. Es spielt auch keine Rolle, wie lange Sie damit verweilen. Nicht auf die Dauer kommt es an, sondern auf die Intensität.

Nehmen Sie Ihre Meditationshaltung ein (eine zentrierte, aufrechte und entspannte Haltung), oder legen Sie sich hin. Ihre Hände liegen locker auf den Oberschenkeln. Bei beiden Händen liegen Daumen- und Ringfingerspitze aneinander.

Stellen Sie sich einen romantischen Lustgarten vor. Er befindet sich hoch auf den Klippen des Meeres ... Er entspricht ganz Ihrem Sinn für Schönheit und Harmonie – ein Ort, an dem Sie gerne einige Minuten, Stunden oder Tage verweilen würden, der Sie erfrischt und all Ihre Sinne weckt ... Sie machen hier einen Kurzurlaub und bekommen Abstand vom Alltag ... Lassen Sie sich bewusst auf die Formen der Wege, der Blumenbeete, der Teiche, der Skulpturen und Gebäude ein ... Sie tauchen ein in die Farben der Pflanzen, in das Rauschen und die Farbschattierungen des Wassers und lassen sich vom Wind zart Ihr Gesicht liebkosen. Genießen Sie das in vollen Zügen ... Versuchen Sie etwas Schönes zu hören (Musik, Vögel,

Wind, rauschendes Wasser), und kosten Sie auch den Duft des Ortes … Sie lustwandeln, tanzen, singen und tragen wunderschöne Kleider … Bleiben Sie eine ganze Weile allein … und dann gesellt sich Ihr Partner bzw. Ihre Partnerin zu Ihnen (dies kann ein »realer« Mensch sein oder eine Gestalt, die Sie in Ihrer Fantasie entstehen lassen) … Sie sind nun zu zweit und verbringen eine wunderschöne Zeit voller Sinnlichkeit und Romantik … Ihr Partner bzw. Partnerin verabschiedet sich von Ihnen mit dem Versprechen, wiederzukommen … Und auch Sie versprechen, in spätestens einer Woche wieder zu kommen, um diese liebevolle Freundschaft zu vertiefen und zu genießen. Sie bleiben noch eine Weile allein und überlegen sich, wem Sie heute oder am kommenden Wochenende eine besondere Freude machen könnten …

So können Sie den Freitag am besten nutzen und genießen

Tun Sie freitags etwas Besonderes für sich. Gönnen Sie sich eine Massage oder eine Yoga-Sitzung. Schmücken Sie Ihr Heim mit Grünem und Blumen. Gönnen Sie sich einen Liebesfilm oder einen Liebesroman. Gestalten Sie einen sinnlichen Abend.

❀

8. Samstag – Tag des Saturns

Dem Samstag wird der Saturn zugeordnet. In alten Schriften und im Volksbrauchtum wird Saturn auch mit dem Sensenmann, dem Gevatter Tod oder Satan in Beziehung gebracht. Satan ist die Kraft, die uns mit dem Dunkeln und Schweren, mit dem Materiellen und mit dem Tod verbindet. Satan verkörpert andererseits auch Luzifer, den Lieblingsengel Gottes, den Lichtbringer, der in die Verdammnis verbannt wurde. Licht und

Dunkelheit gehören als Gegenpole zusammen, und das eine kann nur durch das andere existieren. So verkörpert Saturn einerseits die Macht der Dunkelheit und andererseits die Macht des Lichts. In der griechischen Mythologie entspricht Chronos Saturn.

Saturn ist ein dunkler Geselle und kann durch seine Strenge und Ernsthaftigkeit den Menschen arg bedrängen. Aber er kann ihn auch vor vielem bewahren, was vorerst verlockend aussieht und doch nicht hält, was es verspricht. Er kann dem Menschen aus tiefster Dunkelheit und Schwere den Weg zum Licht zeigen und ihm wie kein anderer helfen, seinen Lebenssinn zu erfüllen. Er ist der Hüter der Schwelle in höheren Dimensionen

– mit ihm schaffen wir den Durchbruch in neue Welten.

Saturn ist der Herrscher über die Zeit, beispielsweise über die Lebensdauer, das Alter. Wie Altern, Verfall und Tod gefürchtet und aus den Gedanken der Menschen verbannt werden, so wird auch die Macht des Saturn gefürchtet. Wenn wir aber das Altern und den Tod akzeptieren, können wir uns Saturn zum Verbündeten machen. Dann hilft er uns, einen schönen Lebensabend zu gestalten und eines würdigen Todes zu sterben.

Auch wenn man noch nicht »alt« ist, ist es wichtig, sich mit diesem Thema auseinanderzusetzen. Wer oder was wäre z.B. jetzt in diesem Moment für Sie noch von Bedeutung, wenn Sie nur noch einen Tag, eine Woche oder ein Jahr zu leben hätten? Was würden Sie ändern?

Auch der Samstag ist das Ende der Woche, und was wir während der Woche aus Zeitgründen nicht schafften, können wir samstags noch erledigen. Wir können den Samstag vertrödelnd hinter uns bringen oder bewusst gestalten – ebenso auch unseren Lebensabend.

Viele machen den Samstag zum Einkaufstag, und das entspricht der Energie des Saturn voll und ganz, denn wie beim Jupiter geht es auch hier um das Materielle. Aber jetzt wird nicht aus lauter Freude etwas angeschafft, sondern weil das Materielle und auch das Geld vermeintliche Sicherheit vermitteln. Sparen für den Lebensabend ist schön und gut, aber das Anhäufen von Geld, um damit »Glücklichsein« zu gewährleisten, wird meistens zum Frust oder bringt Enttäuschung. Nicht umsonst spricht man vom »Altersgeiz«.

Die Stärken des Saturn, die uns hier und jetzt zur Verfügung stehen, sind Ausdauer, Disziplin und Härte. Er schenkt uns die Ausdauer, die uns befähigt, etwas durchzustehen, sowie eine wohltuende Beständigkeit und Disziplin, die uns inneren Halt gibt, eine gewisse Härte, die uns für das Leben stark macht. Er erzeugt auch die Verlangsamung, die uns zwingt, innezuhalten und nachzudenken. Jeder Veränderung stellt sich Saturn in den Weg. Er zwingt uns, nochmals hinzuschauen, zwingt uns, gegebenenfalls etwas abzubauen oder sich für das Neue besser vorzubereiten. Er hat seine liebe Mühe mit allem Neuen und mit dem Fremden.

Saturn steht auch für das Schaffen von Abgrenzungen. Oft müssen wir uns abgrenzen, müssen uns hin und wieder von der Umgebung abschotten, besonders wenn wird das Alleinsein brauchen oder weitere Belastungen nicht mehr annehmen wollen oder können. Am Samstag wegfahren, um der gewohnten Umgebung zu entfliehen, um wieder aufzutanken und über das Wesentliche nachzudenken, kann wie Balsam sein für Körper, Geist und Seele. Überbordet aber die Abgrenzung, dann kann ein Rückzug aus der Welt auch zur Sucht und Flucht werden oder eine kleine Einfriedung zu einem großen Turm, in dem man sich versteckt und von der Außenwelt abtrennt. Dadurch wird sie immer fremder, und man fängt an, sich mehr und mehr vor ihr zu fürchten. Besonders übers Wochenende fühlen sich viele einsam oder getrauen sich nicht mehr unter Menschen.

Allgemein obliegen Grenzen Saturn. Er ist der letzte mit bloßem Auge sichtbare Planet – er ist wie ein Grenzstein zwischen der sichtbaren und unsichtbaren Welt. Grenzen werden heute meistens negativ als Hindernisse, Widerstände und Beschränkung betrachtet. Das muss jedoch nicht so sein, denn Grenzen geben einer Sache erst Struktur und Form. Begrenzungen bringen Tiefe in unser Leben; Hindernisse und Widerstände festigen und stärken uns, wenn wir sie, falls nötig, akzeptieren oder überwinden und durchbrechen.

Eine Gewinn bringende Eigenschaft ist auch die saturnische Konzentration. Die Konzentration auf Weniges oder nur auf eine einzige Sache bringt Tiefe und Vollkommenheit. Die Konzentration auf das Wesentliche und die Aussonderung von Unwesentlichem kann sehr entlastend und befreiend sein, kann Schwere in Leichtigkeit verwandeln. Der Perfektionismus, der zum Saturn gehört, kann allerdings vieles wieder zerstören.

Zum Saturn gehört das Gefühl des Schicksalhaften, dem man nicht ausweichen kann, das man aushalten muss, wie man oft irrtümlicherweise meint. Mit dieser Einstellung verpasst man allerdings die Gelegenheit, nach Lösungen zu suchen. Warum nicht eine ruhige Minute am Samstag dafür reservieren?

Saturn wird auch vielfach als der Gebieter über das Karma, das Prinzip von Ursache und Wirkung bezeichnet. So gehen auch heute noch Katholiken gerne am Samstag zur Beichte. Saturn bestraft nicht, er lässt uns vielmehr alles, was wir durch falsches Denken, Sprechen und Handeln ausgelöst haben, an uns selbst erleben, erfahren. Er zwingt uns, die Spielregeln des Universums einzuhalten oder die Konsequenzen daraus zu ziehen. Wann und wie dies geschieht, ist ein Mysterium, das uns oft verborgen bleibt. Dass es geschieht, ist so sicher wie der Planet Saturn am Himmel steht.

Saturn herrscht über das Grobstoffliche wie auch über die Gesellschaft. Wir haben dieses Leben gewählt, haben uns in das Grobstoffliche inkarniert, uns eine bestimmte Gesellschaft ausgesucht, um unsere Dienste dort zu leisten. Unsere spirituelle Aufgabe besteht darin, Materie und Gesellschaft zu transformieren. Anders ausgedrückt: Wir sollten selbst ein Lichtbringer sein in unserer Welt, in der inneren und äußeren, in unserer kleinen wie auch in unserer großen Welt.

Saturn zeigt uns den besten und effektivsten Weg zur Verwirklichung dieser Lebensaufgabe. Er schenkt uns eine umsichtige und überlegte Lebenshaltung, die nötige Konzentration, Ausdauer und Disziplin, bei einer Sache zu bleiben und sie zu vollenden, und schenkt uns schließlich tiefste Freude und Frieden.

Zum Saturn gehört auch die Reinigung, die Läuterung. Früher wurden samstags Haus und Hof gründlich geputzt und man ging zur Beichte. So können wir heute noch am Samstag innerlich und äußerlich aufräumen, Wochenrückblick halten, uns und andern, wenn nötig, vergeben, unsere vergangenen Leistungen bewusst anerkennen und Fehlleistungen als wichtige Lernprozesse betrachten. Fragen Sie sich, was Sie nächste Woche besser machen wollen. Werfen Sie Verbrauchtes über Bord, und durchschreiten Sie leichten Herzens das Tor zur kommenden Woche.

Meditation für den Samstag: Das Tor zur neuen Woche öffnen

Saturn ist der Herr der Tore. Auch wir kommen im Leben immer wieder an Tore – sei es, dass ein neuer Lebensabschnitt, eine neue Herausforderung beginnt oder dass wir einfach die neue Woche etwas anders gestalten möchten. Es ist sinnvoll, bewusst an einem solchen Zeitpunkt innezuhalten und zu fragen, was das Beste für uns ist, was wir mitnehmen oder zurücklassen sollten, was wir tun und was wir lassen sollten, wo wir allenfalls Hilfe bekommen, was für uns wichtig und stimmig ist und was nicht. Saturn berät uns gerne – darin ist er Experte.

Die folgende Meditation ist ein guter Einstieg in die nächste Woche.

Nehmen Sie Ihre Meditationshaltung ein (eine zentrierte, aufrechte und entspannte Haltung), oder legen Sie sich hin. Stellen Sie sich vor:

Sie sitzen auf einer Bank, die auf der linken Seite vor einem großen Tor steht. Überdenken Sie nochmals in aller Ruhe Ihre letzte Woche (oder Ihren letzten Lebensabschnitt) … Was ist Ihnen besonders gelungen? … Was hat Ihnen Mühe gemacht? Wo und wie haben Sie Hilfe erhalten? … Wem haben Sie geholfen und/oder etwas zuliebe getan? … Nun gehen Sie zum Tor, öffnen und durchschreiten es und setzen sich wieder auf eine Bank, diesmal aber auf der rechten Seite des Tors ... Sie fahren mit Ihren Überlegungen fort: »Was möchte ich in Zukunft ändern?« Setzen Sie einen Schwerpunkt für die nächste Woche ... Es braucht keine große Sache zu sein, aber etwas, in das Sie Ihre ganze Energie setzen und wo Sie mit ganzem Herzen und vollem Verstand dabei sind ... Planen Sie neben Verpflichtungen auch Mußestunden für sich allein ein ... Planen Sie etwas, worauf Sie sich besonders freuen können, ein Geschenk, das Sie sich oder jemandem machen ... Stellen Sie nun einen Wochenplan auf, und bitten Sie Saturn, Ihnen dabei zu helfen ... Bleiben Sie noch einige Minuten in der Stille, und lassen Sie das Bild verblassen.

Schreiben Sie jetzt den neuen Wochenplan auf!

So können Sie den Samstag am besten nutzen und genießen

Auch die Erde wird dem Samstag zugeordnet; darum eignet sich dieser Tag für die Gartenarbeit oder das Umtopfen von Pflanzen besonders. Töpfern oder Arbeiten mit Stein tut gut. Staubsaugen und Staubwischen können als symbolische Handlung für innere Reinigung eingesetzt werden. Trennen Sie sich von alten, überflüssigen Sachen.

❀

9. Es geht weiter …

Sie erinnern sich – wir reden oft von 8 Tagen, wenn wir nur 7 meinen: »Wir sehen uns in 8 Tagen wieder.« Die Acht verkörpert, wenn man sie kippt, das mathematische Symbol für die Unendlichkeit, und das Achteck steht für die Vollkommenheit. Bei der 7 fehlt also immer ein Stück zur Vollkommenheit, und auch wir sind in der Endlichkeit begrenzt. Das ist auch gut so, denn der Sinn des Lebens ist es, durch den Mangel, den man beheben möchte, immer weiter, näher zur Vollkommenheit zu kommen. Es geht um inneres Wachstum und Veredelung.

Mut, Kraft, Hoffnung und Zuversicht wünsch ich Ihnen für jeden Tag. Möge dieses Büchlein Ihnen dabei Rat und Hilfe sein. Ihre Gedanken, Worte und Taten sollen wie ein Samen sein. Sie sollen in guter Erde keimen, zu Großem sich entfalten, blühen und reiche Früchte tragen – sie sind für Sie selbst und für unsere Welt bestimmt.

Quellennachweis

Gertrud Hirschi, *Sieben Wege, glücklicher zu werden: die Energien der Wochentage nutzen*, © by Hermann Bauer, Freiburg im Breisgau 1999.